AF221982

Impressum
Verlag: BABADADA GmbH, Nedderfeld 112 , 22529 Hamburg
Geschäftsführer / Verlagsleitung: Harald Hof
Druck: Books on Demand GmbH, In de Tarpen 42, 22848 Norderstedt

Imprint
Publisher: BABADADA GmbH, Nedderfeld 112 , 22529 Hamburg, Germany
Managing Director / Publishing direction: Harald Hof
Print: Books on Demand GmbH, In de Tarpen 42, 22848 Norderstedt, Germany

ትምህርት ቤት

ښوونځی

መማሪያ ክፍል
ټولګی
ማካፈል
تقسیم
186/2
ሰሌዳ
የትምህርት ቤት ቅጥር ግቢ
د ښوونځي حویلی
መምህር
ښوونکی
ወረቀት
ورق
لیکل
እስክሪብቶ
قلم
መፃፊያ ጠረጴዛ
ማስመሪያ
خط کش
መጽሐፍ
کتاب
ተማሪ
زده کونکی

የጀርባ ቦርሳ

کڅوړه

የእርሳስ መያዣ

د پنسل بکسه

እርሳስ

پنسل

የእርሳስ መቅረጫ

پنسل تراش

ላጲስ

ربړ

የስዕል ደብተር

د رسامۍ پاڼه

ስዕል

رسامي

የቀለም ብሩሽ

د نقاشی برس

የቀለም ሳጥን

د نقاشی بکس

መቀስ

قیچي

ማጣበቂያ

سریښ

መልመጃ ደብተር

د تمرین کتاب

የቤት ስራ

کورنی دنده

ቁጥር

شمير

መደመር

جمع

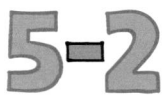

መቀነስ

منفي

ማባዛት

ضرب

ቁጥሮችን ማስላት

حساب

ደብዳቤ

توری

ፊደላት

الفبا

ቃል

کلمه

ፅሑፍ

متن

ማንበብ

لوستل

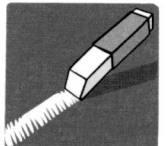

ጠመኔ

تباشير

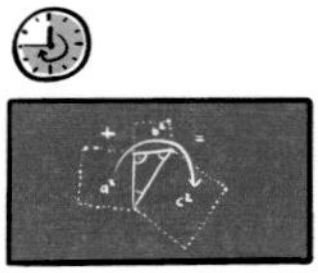

ትምህርት

درس

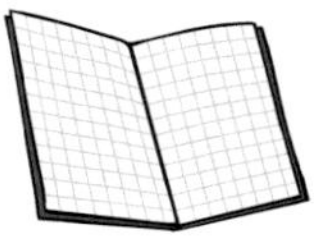

ምዝገባ

راجستر

ፈተና

ازموينه

ሰርተፊኬት

تصديق پاڼه

የትምህርት ቤት የደንብ ልብስ

د ښوونځي يونيفارم

ትምህርት

تعليم

አዉደ ጥበብ

دايره المعارف

ዩኒቨርስቲ

پوهنتون

የምርምር አጉሊ መሳርያ

مايكروسكوپ

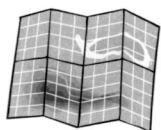

ካርታ

نقشه

የቆሻሻ ወረቀት መጣያ ቅርጫት

اشغالداني

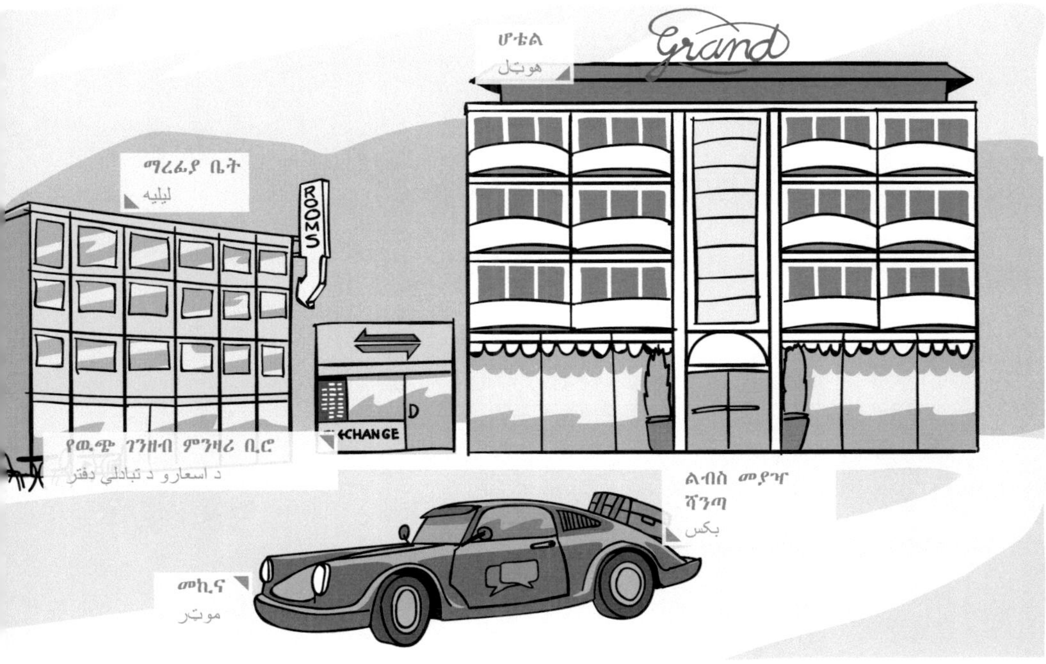

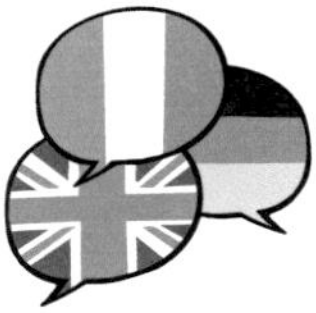

ሆቴል
هوټل
Grand
ማረፊያ ቤት
ليليه
ROOMS
CHANGE
የዉጭ ገንዘብ ምንዛሪ ቢሮ
د اسعارو د تبادلې دفتر
ልብስ መያዣ
ሻንጣ
بکس
መኪና
موټر

ቋንቋ

ژبه

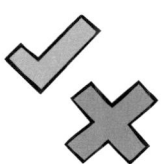

አዎ/ አይደለም

هو/نه

እሺ

سمه ده

ሰላም

سلام

አስተርጓሚ

ژباړونکی

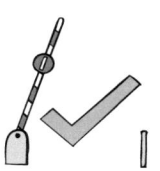

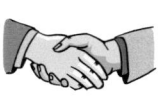

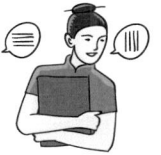

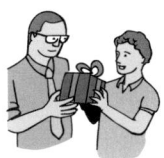

አመሰግናለሁ

مننه

ስንት ነዉ.......?

څومره دي...؟

አልገባኝም

زه نه پوهيږم

እክል

ستونزه

እንደምን አመሹ!

ماښام مو پخير!

እንደምን አደሩ!

سهار په خير!

መልካም ምሽት!

شپه په خير!

ደህና ይሰንብቱ

په مخه مو ښه

አቅጣጫ

لارښود

ሻንጣ

سامان

ቦርሳ

بيګ

የጀርባ ቦርሳ

شاتنی بکس

እንግዳ

ميلمه

ክፍል

خونه

የመተኛ ቦርሳ

د خوب کڅوړه

ድንኳን

خيمه

የጎብኚዎች መረጃ

د توریزم معلومات

የባህር ዳርቻ

ساحل

ክሬዲት ካርድ

کریډیټ کارت

ቁርስ

ناری

ምሳ

د غرمې خواړه

እራት

د شپې خواړه

ቲኬት

ټیکټ

አሳንሰር

لفټ

ማህተም

مهر

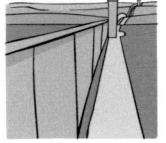

ድንበር

پوله

ባህሎች

ګمرک

ኤምባሲ

سفارت

ቪዛ/የይለፍ ወረቀት

ويزه

ፓስፖርት

پاسپورټ

አዉሮፕላን
الوتکه
መርከብ
የእሳት አደጋ መኪና
د اور ماشين
የጭነት መኪና
بس
የሞተር ጀልባ
موټرکښتۍ
መኪና
موټر
ብስክሌት
بايک

የማመላለሻ ጀልባ

کښتۍ

ጀልባ

کښتۍ

የሞተር ብስክሌት

موټرسايکل

የፖሊስ መኪና

د پوليسو موټر

የዉድድር መኪና

د ريس موټر

የኪራይ መኪና

کرايي موټر

የመኪና መጋራት
....
د کرایه موټرې

ጎታች መኪና
....
جرثقیل لرونکی ټرک

የቆሻሻ ጭነት መኪና
....
ریفیوز ټرک

ሞተር
....
موټر

ነዳጅ
....
سونګ توکي

የቤንዚን ማደያ
....
پټرول سټیشن

የመንገድ ምልክት
....
ترافیکي نښه

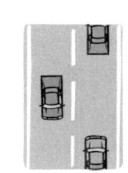

የመኪኖች እንቅስቃሴ
....
ترافیک

የመኪና መጨናነቅ
....
جام ترافیک

የመኪና ማቆሚያ
....
د موټرو تمځای

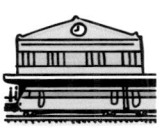

የባቡር ጣቢያ
....
د ریل سټیشن

የባቡር ሀዲዶች
....
پاټکي

ባቡር
....
ریل

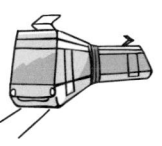

የኤሌክትሪክ ባቡር
....
ټرام

ሰረገላ
....
واګون

ሄሊኮፕተር

چورلکه

አየር ማረፊያ

هوايي ډګر

ማማ

برج

መንገደኛ

مسافر

ማስቀመጫ፤ ማጠራቀሚያ

کانټېنر

ካርቶን እቃ ማሸጊያ

کارتون

ጋሪ፤ ተሳቢ

کارت

ቅርጫት

ټوکرۍ

መነሳት/ ማረፍ

الوتنه کول/کښېناستل

ከተማ

ښار

መንደር

کلی

የከተማ ማዕከል

د ښار مرکز

ቤት

کور

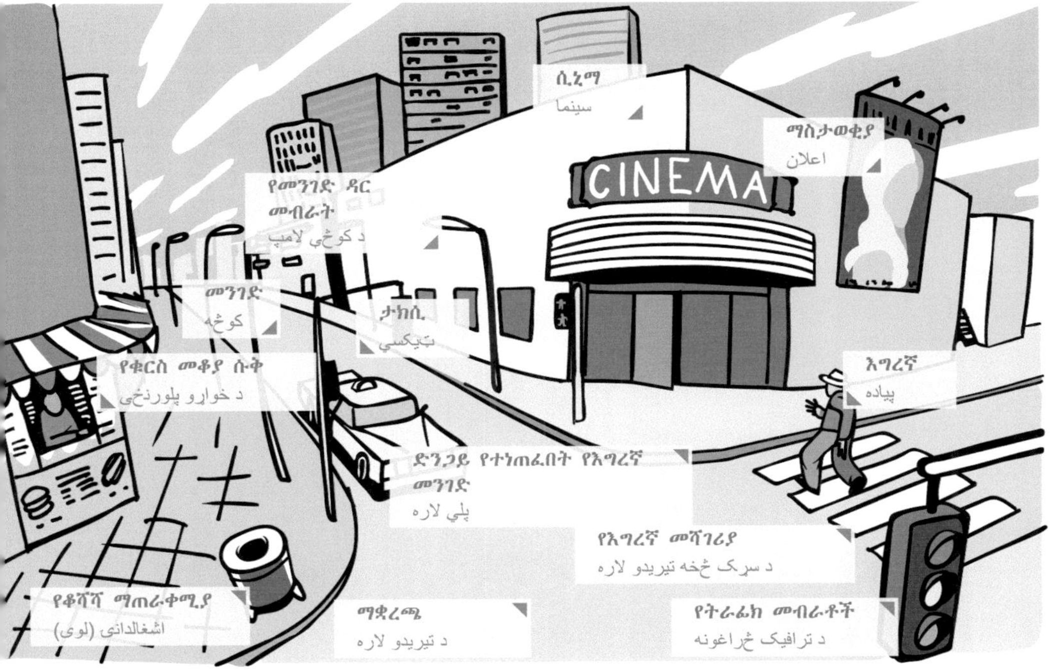

ሲኒማ
سینما
CINEMA
ማስታወቂያ
اعلان
የመንገድ ዳር መብራት
د کوڅې لامپ
መንገድ
کوڅه
ታክሲ
ټیکسي
የቁርስ መቆያ ሱቅ
د خوارو پلورنځی
እግረኛ
پیاده
ድንጋይ የተነጠፈበት የእግረኛ መንገድ
پلي لاره
የእግረኛ መሻገሪያ
د سړک څخه تیریدو لاره
የቆሻሻ ማጠራቀሚያ
اشغالدانی (لوی)
ማቋረጫ
د تیریدو لاره
የትራፊክ መብራቶች
د ترافیک څراغونه

ጎጆ

کوډله

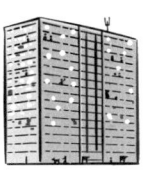

አፓርታማ

اپارتمان

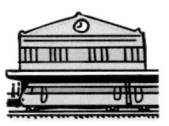

የባቡር ጣቢያ

د ریل سټیشن

የከተማ አዳራሽ

ټاون هال

ቤተ መዘክር

میوزیم

ትምህርት ቤት

ښوونځی

ዩኒቨርስቲ

پوهنتون

ባንክ

بانک

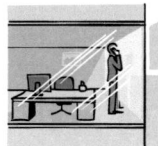

ሆስፒታል

روغتون

ሆቴል

هوټل

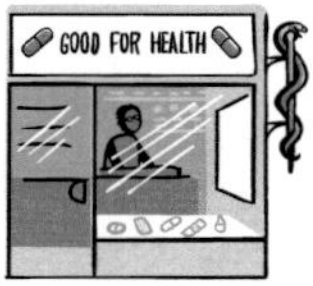

መድሐኒት ቤት

درملتون

ቢሮ

دفتر

መፅሐፍ መሸጫ

کتاب پلورنځی

ሱቅ

پلورنځی

የአበባ መሸጫ

د ګلانو پلورنځی

የሸቀጣ ሸቀጥ መደብር

لوی پلورنځی

ገበያ ስፍራ

مارکیټ

መደብር

د ډیپارټمنټ سټور

የዓሳ ነጋዴ

کب پلورنځی

የገበያ ማዕከል

د پلور مرکز

ወደብ

لنګرتون

መናፈሻ ቦታ

پارک

አግዳሚ ወንበር

بينچ

ድልድይ

پل

ደረጃዎች

زينه

ዉስጥ ለዉስጥ

د ځمکې لاندې

ዋሻ

تونل

የአዉቶቡስ ፌርማታ

بس تمځای

ባር

بار

ምግብ ቤት

ريسټورانټ

የፖስታ ሳጥን

پوست بکس

የመንገድ ምልክት

د کوڅې نښه

የመኪና ማቆሚያ ሒሳብ የሚያስላ ማሽን

د پارک کولو ميټر

የደር እንስሳት ማቆያ

ژوبڼ

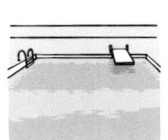

የመዋኛ ገንዳ

د لامبو حوض

መስጊድ

مسجد

እርሻ
....
كرونده

የሚበክል ነገር
....
ناپاكي

መቃብር ስፍራ
....
هذيره

ቤተ ክርስቲያን
....
چرچ

መጫወቻ ሜዳ
....
د لوبو ډکر

ቤተ መቅደስ
....
معبد/كليسا

መልከዓምድር
منظره

قጠል
پانه

የመንገድ ላይ ምልክት
د لارښووني نښه

መንገድ
لاره

አረንጓዴ መስክ
چمن

ድንጋይ
كانى

ዛፍ
ونه

በእግር የሚኂዝ
هيكر

ወንዝ
سيند

ሳር
واښه

አበባ
ګل

ሸለቆ

دره

ኮረብታ

غونډۍ

ሀይቅ

ناور

ጫካ

ځنګل

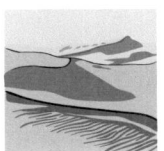

በረሃ

دښته

እሳተ ገሞራ

اورشيندی

ግምብ

کلا

ቀስተ ዳመና

رنګين کمان

እንጉዳይ

مرخیړي

የቴምብር ዛፍ/ ዘንባባ

پلم ونه

ቢንቢ/ የወባ ትንኝ

ماشي

በራሪ

الوتل

ጉንዳን

مېږی

ንብ

مچۍ

ሸረሪት

غونډل/جولا

ጢንዚዛ

....

گـونگـټ

እንቁራሪት

....

چونگـښـه

ሽኮኮ

....

نولی

ጃርት

....

زيږکی

ጥንቸል

....

سوی

ጉጉት ወፍ

....

گـونگ

ወፍ

....

مرغی

የዉሃ ዳክዬ

....

قازه

ከርከሮ

....

نرخوگ

አጋዘን

....

هوسی

አጋዘን

....

گـاوزه

ግድብ

....

بند

በነፋስ የሚሽከረከር

....

بادي توربين

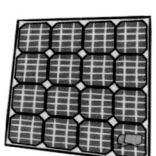

የፀሀይ ፓኔሎ

....

سولر تختي

አየር ንብረት

....

اقليم

ምግብ ቤት

ریسټورانټ

አስተናጋጅ
پیشخدمت
ማዉጫ
مینو
ወንበር
ሾርባ
سوپ
ፒዛ
پیزا
የጠረጴዛ ጨርቅ
د میز ټوټه
ښاخی، چاقو، کاشوغه

የምግብ ፍላጎትን የሚከፍት ምግብ

سټارټر

ዋና ምግብ

اصلي خواړه

ማጣጣሚያ ተከታይ ምግብ

شیرني

መጠጦች

څښاک

ምግብ

خواړه

ጠርሙስ

بوتل

ፈጣን ምግብ

فاسټ فوډ

የመንገድ ምግብ

د کوڅې خواړه

የሻይ ማንቆርቆሪያ

چای جوش

የስኳር እቃ

قندانی

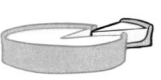

ድርሻ

برخه

የቡና ማፈያ ማሽን

اسپرسو مشین

ባለጌ ወንበር

لوړه چوکۍ

የክፍያ ደረሰኝ

رسید

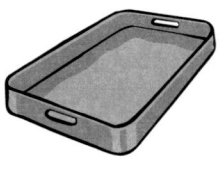

ትሪ

مجمه

ቢላዋ

چاکو

ሹካ

پنجه

ማንኪያ

قاشق

የሻይ ማንኪያ

چای قاشق

ልብስ ምግብ እንዳይነካ የሚረዳ ጨርቅ

سورويت

ብርጭቆ

ګلاس

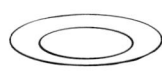

ዝርግ ሰሀን

پلیټ

የሾርባ ጎድጓዳ ሰሀን

د سوپ پلیټ

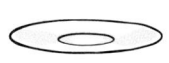

የስኒ ማስቀመጫ

نالبکۍ

ማጣፈጫ ስጎ

ساس

የጨው እቃ

مالګه شیندونکی

የተፈጨ ቃሪያ

د مرچ ټکولو لوخی

ኮምጣጤ

سرکه

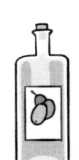

የምግብ ዘይት

غوړي

ቀመማ ቅመሞች

مساله

የቲማቲም ድልህ

کچ اپ

ሰናፍጭ

شړشم

ማዮኒዝ

چکه

የሸቀጣ ሸቀጥ መደብር

لوی پلورنځی

ልዩ አቅራቦት
ደምበኛ
پیرودونکی
የወተት ተዋፅዖ
لبنیات
ፍራፍሬ
میوه
ባለ ጎማ የእጅ ጋሪ

ሉካንዳ ነጋዴ

قصابي

መጋገርያ

نانوایی

ክብደት መመዘን

وزن کول

ቅጠላ ቅጠል አትክልት

سبزیجات

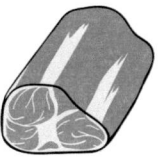

ስጋ

غوښه

የቀዘቀዘ/የረጋ ምግብ

کنګل خواړه

ቀዝቃዛ ቁራጭ

يخه غوښه

የታሸገ ምግብ

كنسروا خواړه

የማጠቢያ ዱቄት

د مينځلو پوډر

ጣፋጮች

شيريني

የቤት ዉስጥ ዉጤቶች

كورني توليدات

የፅዳት ምርቶች

د پاكولو محصولات

የሽያጭ ባለሙያ

د پلور فرد

የገንዘብ መመዝገቢያ ማሽን

د نغدي راجستر

የሒሳብ ሰራተኛ

صراف

የግዢ ዝርዝር

د پيرود ليست

ክፍት ሰዓታት

كاري ساعتونه

የኪስ ቦርሳ

بټوه

ክሬዲት ካርድ

كريډيټ كارت

ቦርሳ

كڅوړه

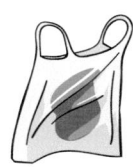

የፕላስቲክ ቦርሳ

پلاستيک كڅوړه

መጠጦች

څښاک

ውሃ

اوبه

ጭማቂ

جوس

ወተት

شیده

ኮካ-ኮላ

کوک

ወይን

واین

ቢራ

بیر

አልኮል

الکول

ኮካ

ککاو

ሻይ

چای

ቡና

کافي

የተፈላ ቡና

اسپرسو

ካፑቺኖ

کپچینو

ሙዝ

کیله

ፖም

مڼه

ብርቱካን

نارنج

ሀብሀብ

هندوانه

ሎሚ

لیمو

ካሮት

گازره

ነጭ ሽንኩርት

هوږه

ሸምበቆ

بانکس

ቀይ ሽንኩርት

پیاز

እንጉዳይ

مرخیړي

ለዉዝ

چغزی

የህፃናት ምግብ

آش

ፓስታ

سپېګېټي

ሩዝ

وريجي

ሰላጣ

سلاد

የድንች ጥብስ

چپس

ድንች ጥብስ

سره کړي کچالو

ፒዛ

پيزا

ዳቦ ዉስጥ በስሱ ተጠብሶ የገባ ስጋ

همبرګر

ሳንድዊች

ساندويچ

ጥሬ ስጋ

کتره

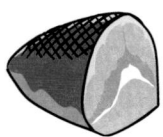

የአሳማ ስጋ

د پتون غوښه

በቅመምና በጨዉ የታሸ ምግብ ቀዝቅዞ የሚበላ ሾርባ ምግብ

سلمي

ቋሊማ

ساسچ

ዶሮ

چرګ

ጥብስ

روسټ

አሳ

کب

የአጃ ገንፎ

....

د وربشي شيرني

ከወተት ጋር ተደባልቀዉ የሚበሉ ምግቦች

....

موسلي

የበቆሎ ቅርፊት

....

د جوار پلی

ዱቄት

....

اوړه

ኩራሳ

....

کروسانت

ድብልብል ዳቦ

....

د ډوډۍ رول

ዳቦ

....

ډوډۍ

መጥበስ

....

ټوسټ

ብስኩት

....

بسکيټ

ቅቤ

....

کوچ

እርጎ

....

چکه

ኬክ

....

کیک

እንቁላል

....

هګۍ

እንቁላል ጥብስ

....

پښی هګۍ

አይብ

....

پنير

የበረዶ ክሬም

آیس کریم

ስኳር

بوره

ማር

شهد

ማርማላት

مربا

የተናጠ የወተት ክሬም

نوګاټ کریم

ማጣፈጫ

کورکمان

የገበሬ ቤት
د کرونديخونه

የእህልና የከብት ማቀመጫ
ቤት
غوجل

ፈረስ
اس

የጥጥድ ክምር
د بوسو گيډی

ሜዳ
حمکه

ተሳቢ መኪና
لاس گاډی

የፈረስ ዉርንጭላ
کوچنی اس

የእርሻ መኪና
ټريکټر

አህየ
خر

በግ
پسه

የበግ ጠቦት
وری

ፍየል

وزه

ላም

غوا

ጥጃ

خوسکی

አሳማ

خوگ

ግልገል አሳማ

د خوگ بچی

ኮርማ

غوبی

ዝይ

بته

ዳክዬ

هیلی

የዶሮ ጫጩት

چرګوړی

ዶሮ

چرګه

አዉራ ዶሮ

بانګي

አይጥ

سارای موږک

ደድመት

پیشک

አይጥ

موږک

በሬ

غويی

ዉሻ

سپی

የዉሻ ቤት

د سپي خونه

የአትክልት ቦታ

د باغ هوز

ዉሃ ማጠጫ ባልዲ

د اوبو لوخی

ረጅም ማጭድ

لور (داس)

ማረሻ

یوی

ማጭድ

لور

መኮትኮቻ

رمبی

የእህል መንሽ

ښاخی

መጥረቢያ

تبر

ኩርኩር/ የእጅ ጋሪ

کراچۍ

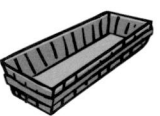

ገንዳ

ناوه

የወተት ዕቃ

د شیدو لوخی

ጆንያ ከረጢት

جوال

አጥር

کټاره

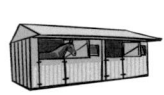

የፈረስ ጋጣ

مضبوط

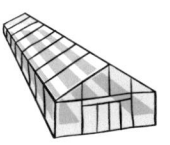

ዕፅዋት ማሳደጊያ የመስታዉት ቤት

شنه خونه

አፈር

خاوره

ዘር

تخم

የመሬት ማዳበሪያ

سره/کود

ጥምር ማረሻ

ګډ ریبونکی ماشین

አዝመራ መሰብሰብ

....

زیرمه کول

አዝመራ

....

درمند

ድንች

....

خوږه کچالو

ስንዴ

....

غنم

ሶያ

....

سویا

ድንች

....

کچالو

በቆሎ

....

جوار

የከብት መኖ

....

نباتي تخم

የፍሬ ዛፍ

....

د میوی ونه

የካሳቫ ዛፍ

....

مانیوک

እህል

....

غله

የጪስ ማዉጫ
درخه

ጣራ
بام

አሽንዳ
ناودان

መስኮት
کرکۍ

ጋራዥ
کراج

የበር ደወል
د دروازی زنگ

በር
دروازه

የቆሻሻ ማጠራቀሚያ
اشغالدانی

ፖስታ ሳጥን
د لیک بکس

የአትክልት ቦታ
باغ

ሳሎን
د اوسیدو خونه

መታጠቢያ ቤት
حمام

ማድቤት
پخلنځی

መኝታ ቤት
د ویده کیدو خونه

የልጅ ክፍል
د ماشوم خونه

መመገቢያ ክፍል
د خوارو خونه

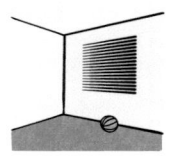

ወለል

فرش

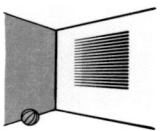

ግድግዳ

ديوال

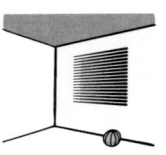

ጣሪያ

چت

ምድር ቤት

زيرخانه

በእንፋሎት ሙቀት መታጠቢያ
ቤት

سونا

ሰገነት

بالكوني

ከፍ ያለ መደብ

ترّاس

የመዋኛ ገንዳ

حوض

የማጨጃ መኪና

د چمن وهلو ماشين

አንሶላ

شيټ

የአልጋ ልብስ

روجايي

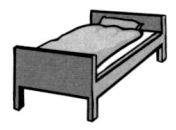

አልጋ

تخت

መጥረጊያ

جارو

ባልዲ

بوکه

ማብሪያና ማጥፊያ

سویچ

ሳሎን

د اوسیدو خونه

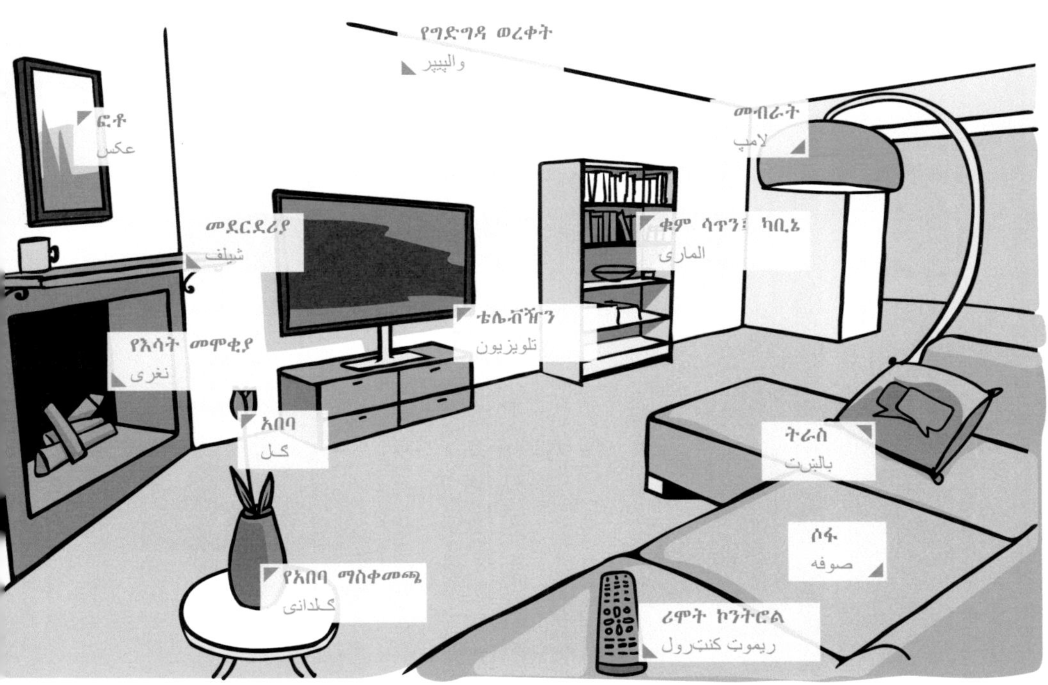
የግድግዳ ወረቀት
والپیپر
ፎቶ
عکس
መብራት
لامپ
መደርደሪያ
شیلف
ቁም ሳጥን፤ ካቢኔ
الماری
ቴሌቭዥን
تلویزیون
የእሳት መሞቂያ
نغری
አበባ
ګل
ትራስ
بالښت
ሶፋ
صوفه
የአበባ ማስቀመጫ
ګلدانی
ሪሞት ኮንትሮል
ریموټ کنټرول

ንጣፍ

غالۍ

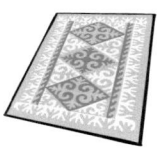

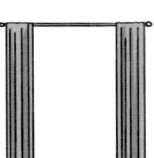

መጋረጃ

پرده

ጠረጴዛ

میز

ወንበር

چوکۍ

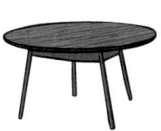

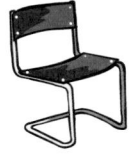

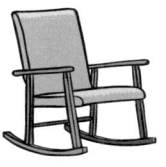

ተወዛዋዥ ወንበር

تاویدونکې چوکۍ

ባለመደገፊያ ወንበር

بازو لرونکې چوکۍ

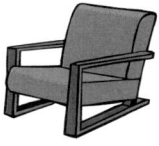

መጽሐፍ

کتاب

ብርድ ልብስ

کمپل

ጌጥ

ډيکوريشن

ማገዶ

د اور لرگي

ፊልም

فلم

የሙዚቃ መማጫወቻ

هاي-فاى

ቁልፍ

کلي

ጋዜጣ

ورځپاڼه

ስዕል

نقاشي

የተለጠፈ ማስታወቂያ እንደ ስዕል

پوسټر

ራዲዮ

راډيو

ማስታወሻ ደብተር

کتابچه

የአየር ማፅጃ ለምንጣፍ

واكيوم جارو

ቁልቋል

کاکتوس

ሻማ

شمع

ማድቤት

پخلنځی

ማቀዝቀዣ
فریج
ማይክሮዌቭ ምግብ ማብሰያ
مایکرو ویو اون
የኩሽና መመዘኛ ሚዛን
ዳቦ መጥበሻ
ንፁህ ማድረጊያ
مینځونکی
ምድጃ
سټوو
ማቀዝቀዣ
یخچال
የቀቆሻሻ ማጠራቀሚያ
اشغالدانی
እቃ ማጠቢያ
د لوخو مینځونکی

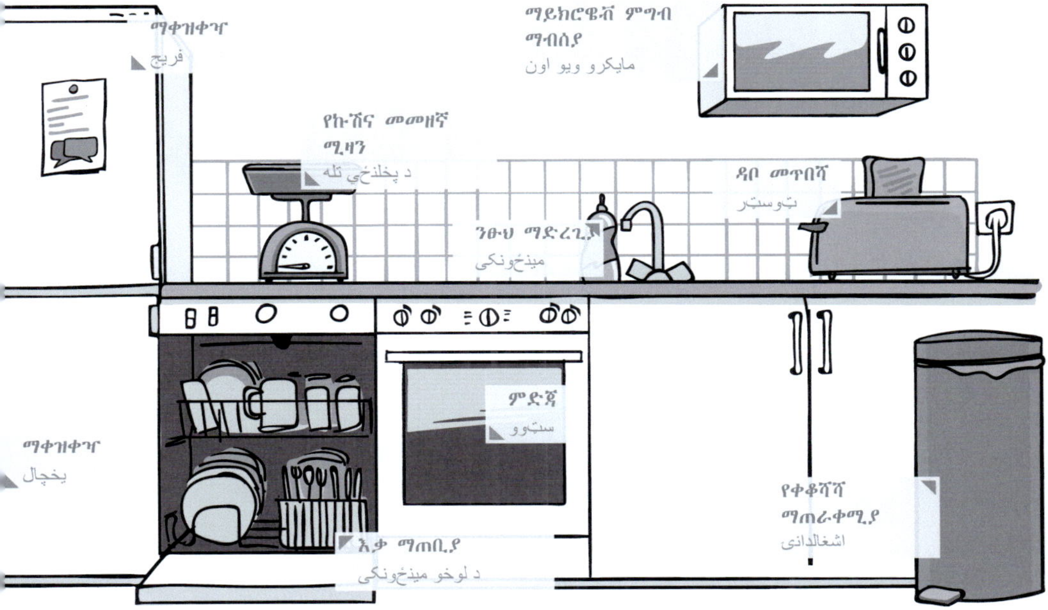

ምግብ አብሳይ

دیگ بخار

ማሰሮ

لوخی

የብረት ማሰሮ

چدني لوخی

ምግብ ማብሰያ ዝርግ ድስት

ووک

የምግብ መጥበሻ

د تلی په

ማንቆርቆሪያ

چای جوش

የእንፋሎት ማብሰያ

د بخار دیګ

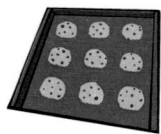

የመጋገሪያ ትሪ

پتنوس

ሰብስቦች

لوخي

ትልቅ ኩባያ

مګ

ጎድጓዳ ሳህን

کاسه

ቾፕስቲክስ

د رانیولو اوزار

ጭልፋ

ځمڅۍ

መሰቅሰቂያ ዝርግ ማንኪያ

کفګیر

ማደባለቂያ

پاکونکی

መወጠሪያ

صافي

ወንፊት

غلبيل

መፈርፈሪያ መሳሪያ

ګریټر

ሲሚንቶ

اونګ

የፍም ጥብስ

بار بي کيو

የተለቀቀ እሳት

خلاص اور

መክተፊያ

....

تخته

ተንሸራታች መርፌ

....

هوارونکی

የጠርሙስ መክፈቻ

....

کارک سکریو

ጣሳ

....

ټيم

የጣሳ መክፈቻ

....

د ټيم خلاصونکی

የማሰሮ መሸፈኛ

....

د لوخي ټوټه

ሳህን ማጠቢያ

....

ظرف شوی

ብሩሽ

....

برس

ስፖንጅ

....

سپنج

መደባለቂያ መሳሪያ

....

بلينډر

በጣም ማቀዝቀዣ

....

ژور يخچال

ጡጦ

....

د ماشوم بوتل

ቧንቧ

....

نل

መታጠቢያ ቤት

حمام

ማሞቂያ
تودول
መታጠቢያ
شاور
ፎጣ
جان پاک
የመታጠቢያ ቤት መጋረጃ
د شاور پرده
የአረፋ መታጠቢያ
ببل حمام
የመታጠቢያ ገንዳ
د حمام ټب
ብርጭቆ
ګلاس
የልብስ ማጠቢያ
د مينځلو مشين
ቧንቧ
نل
ማዕዘን ወለል
ټايلونه
ፖፖ
يو ډول کمود
ሳህን ማጠቢያ
ظرف شوی

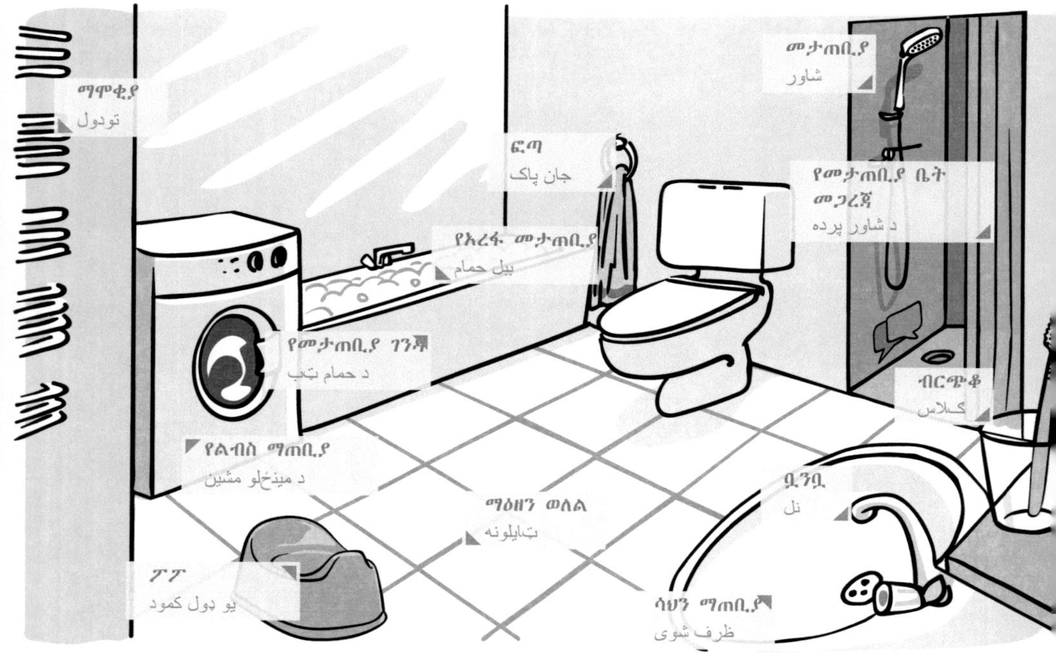

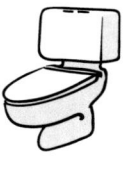

ሽንት ቤት

تشناب

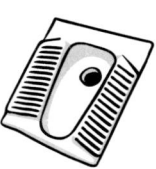

የሽንት ቤት መቀመጫ

فرشي کمود

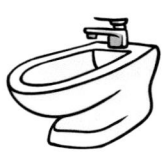

ሳፋ

کمود

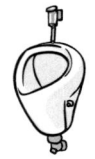

የመንገድ ዳር መሽኛ

د متيازو ځای

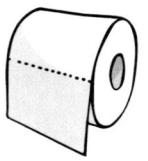

የሽንት ቤት ወረቀት

تشناب کاغذ

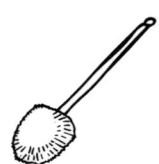

የሽንት ቤት ማፅጃ ብሩሽ

د تشناب برس

የጥርስ ብሩሽ

د غاښونو برس

የጥርስ ሳሙና

د غاښونو کریم

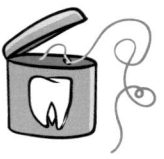

የጥርስ ማፅጃ ክር

د غاښونو نخ

መታጠብ

مینځل

የእጅ መታጠቢያ

لاسي شاور

መታጠቢያ

دوش

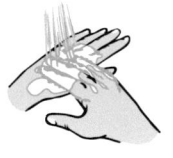

ጎድጓዳ ሳህን

خانک

የጀርባ ብሩሽ

د شا برس

ሳሙና

صابون

መታጠቢያ የሚዝለገለግ ሳሙና

د شاور ژل

የፀጉር መታጠቢያ ሳሙና

شامپو

ለስላሳ ጨርቅ

فلانل جامه

ፍሳሽ

وچول

ክሬም

کریم

ጠረን መቀየሪያ ንጥረ ነገር

سپری

መስታወት

آینه

የእጅ መስታወት

لاسي آینه

ምላጭ

ریزر

የመላጫ አረፋ

د خریلو فوم

ከመላጨት በኋላ የሚቀባ ሽቱ

د خریلو وروسته

ማበጠሪያ

ګمنځ

ብሩሽ

برس

የፀጉር ማድረቂያ

د ویښتانو وچونکی

በፀጉር ላይ የሚነፋ

د ویښتانو سپری

የፊት መቀባቢያ

میک اپ

የከንፈር ቀለም

لیپ سټیک

የጥፍር ቀለም

د نوکانو پالش

የጥጥ ሱፍ

کاټن وړی

ጥፍር መቁረጫ

ناخن ګیر

ሽቶ

عطر

ማጠቢያ ባልዲ

د مینځلو کڅوړه

መቀመጫ

سټول

ሚዛን

د وزن کولو تله

የመታጠቢያ ልብስ

د حمام پوښاک

የላስቲክ ጓንት

د ربړ دستکش

ሞዴስ

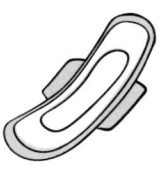

ټامپون

የፅዳት ፎጣ

صحیی جان پاک

የሽንት ቤት ኬሚካል

کیمیکل تشناب

የልጅ ክፍል

د ماشوم خونه

د الارم ساعت
የህፃን አሻንጉሊት
د لوبو وسایل
የመጫወቻ መኪና
የአሻንጉሊት ቤት

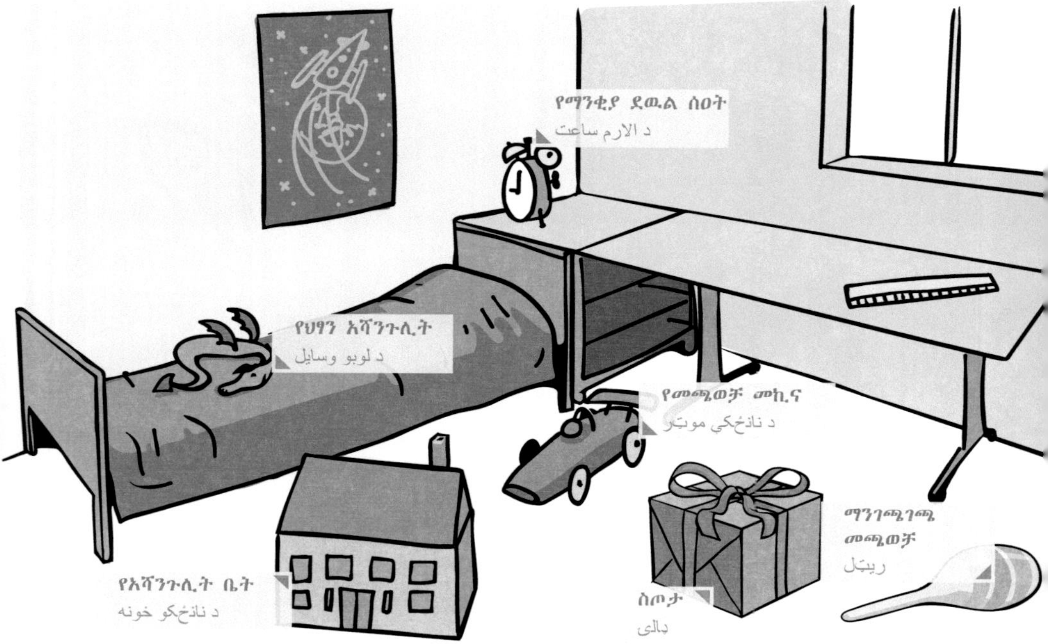

ፊኛ

بالون

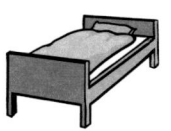

አልጋ

تخت

የህፃን ማንሸራሸሪያ ጋሪ

کالسکه

የካርታ መጫወቻ

د لوبو ورقې

ቁርጥራጭ ምስሎችን የማገጣጠም
እና ምስል የማግኘት ጨዋታ

جیګسا

አዝናኝ

مسخره

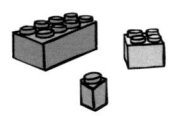

ተገጣጣሚ መጫወቻ

ليګو بريک

የመጫወቻ መገጣጠሚያዎች

د نانځکو بلاک

የድርጊት ምስል

د اکشن فيګور

የህፃን እድገት

د ماشوم پوښاک

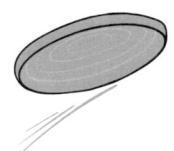

የፕላስቲክ መጫወቻ ዝርግ ሰሀን

فريزبي

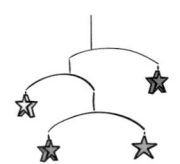

ተወዛዋዥ የህፃን ማጫወቻ

موبايل

የሰሌዳ ጨዋታ

بورډ لوبه

የመጫወቻ ጠጠር

تاس

የመጫወቻ ባቡር

ماډل ريل سيټ

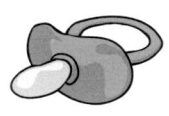

የእንጀራ እናት ጡጦ

ګونګشی

ድግስ

پارټي

የስዕል መፅሀፍ

د عکسونو البوم

ኳስ

بال

አሻንጉሊት

نانځکه

መጫወት

لوبيدل

የአሸዋ መጫወቻ

د شګو کنده

ዥዋዥዌ

سوینګ

መጫወቻዎች

نانځکي

የቪዲዮ መጫወቻ

د ویډیو لوبو کنسول

ባለ ሶስት ጎማ ብስክሌት

ټرای سایکل

የአሻንጉሊት ድብ

ګوډکه

ቁምሳጥን

د کالو الماری

አልባሳት

پوښاک

ካልሲዎች

جرابې

ስቶኪንጎች

لوړې جرابې

ታይት

ټایټس

የአንገት ልብስ
زروکی

ዣንጥላ
چتری

ቀበቶ
کمربند

ክናቴራ
تي شرت

ስኒከሮች
سنيکر

ቡቲ
بوتان

የቤት ዉስጥ ነጠላ ጫማ
سليير

ነጠላ ጫማዎች
سيندل

ጫማዎች
بوتان

የዝናብ ቡትስ
د ربر بوتان

ሙታንታ
زيرينيکري

ጡት መያዣ
سينه بند

ስደርያ
واسکت

ሰዉነት

بادي

ሱሪዎች

پتلون

ጅንስ

جينز

ጉርድ ቀሚስ

لمن

ሸሚዝ

بلاوز

ሸሚዝ

شرټ

የሚጠለቅ ሹራብ

بنيان

ሹራብ

سويټر

ዩኒፎርም ጃኬት

بليزر

ጃኬት

جاکټ

ኮት

کوټ

የዝናብ ኮት

د باران کوټ

ልብስ

پوښاک

ቀሚስ

کالي

የሙሽራ ቀሚስ

د واده پوښاک

ሱፍ

دریشي

የለሊት ልብስ

د شپې پوښاک

የለሊት ልብስ

پاجامه

ረጅም ቀሚስ

ساړي

ሂጃብ

لوپټه

ጥምጣም

پټکی

ቡርቃ

برقه

ሽርጥ

کفتن

አባያ

عبا

የዋና ልብስ

د لامبو پوښاک

አጭር ቁምጣ

نیکر

ቁምጣዎች

شارټ

የስራ ቱታ

د ځغاستي پوښاک

ሽርጥ

پیش بند

ጓንት

دستکش

ቁልፍ

بټن

መነፅር

عینک

አምባር

لاس بند

የአንገት ሀብል

غاړه کی

ቀለበት

ګوتمه

የጆሮ ጌጥ

غوږوالی

ኮፍያ

خولی

የኮት መስቀያ

کوټ بند

ኮፍያ

خولی

ከረቫት

ټایی

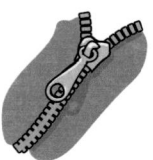

ዚፕ

ځنځیر

የብረት ቆብ

هیلمیټ

መደገፊያ

تړونکی

የትምህርት ቤት የደንብ ልብስ

د ښوونځي یونیفارم

የደንብ ልብስ

یونیفارم

መሃረብ

بيب

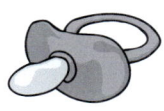

የእንጀራ እናት ጡጦ

ګـونګـشی

ሽንት ጨርቅ

نيپي

ቢሮ

دفتر

ማሰራጫ ጣቢያ
سرور
የፋይል መደርደሪያ ካቢኔ
د دوسیه الماری
ወረቀት
ورق
የህትመት መሳሪያ
پرينټر
መቆጣጠሪያ
መፃፊያ ጠረጴዛ
ډيسک
ماوس
ማህደር
فولډر
የመፃፊ ቁልፎች
کي بورډ
የቆሻሻ ወረቀት መጣያ ቅርጫት
اشغالدانی
ኮምፒዉተር
کمپيوټر
ወንበር
چوکی

የቡና መጠጫ ትልቅ ኩባያ

د کافي پياله

ማስልያ ማሽን

کالکوليټر

ኢንተርኔት

انټرنيټ

ላፕቶፕ

لپ ټاپ

ደብዳቤ

لیک

መልዕክት

پیغام

ተንቀሳቃሽ ስልክ

موبایل

የግንኙነት አዉታር

نیټورک

ማባዣ ማሽን

فوټوکاپیر

ሶፍትዌር

سافټویر

ስልክ

تلیفون

የግድግዳ ሶኬት

پلگ ساکټ

የፋክስ ማሽን

فکس مشین

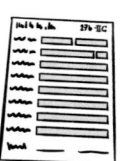

ቅፅ

فارم

ሰነድ

سند

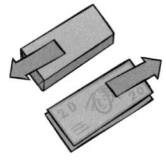

ኢኮኖሚ

اقتصاد

መግዛት

پیرل

መክፈል

تادیه کول

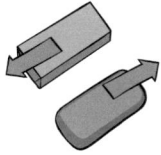

መነገድ

سوداګري کول

ገንዘብ

پیسی

ዶላር

ډالر

ዩሮ

یورو

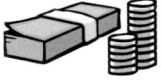

የን

ین

ሩብል

ربل

የስዊዝ ፍራንክ

سویسي فرانک

ሬንሚንቢ ዩዋን

رینمینبي یوان

ሩጲ

روپۍ

የገንዘብ ነጥብ

د نغدي پیسو ځای

የዉጭ ገንዘብ ምንዛሪ ቢሮ

....

د اسعارو د تبادلې دفتر

ወርቅ

....

سره زر

ብር

....

سپین زر

ዘይት

....

تیل

ሀይል፤ ጉልበት

....

انرژي

ዋጋ

....

نرخ

ግንኙነት

....

قرارداد

ቀረጥ

....

مالیه

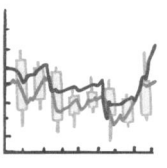

አክስዮን

....

اسهام

መስራት

....

کار کول

ተቀጣሪ

....

کارمند

ቀጣሪ

....

کار ګومارونکی

ፋብሪካ

....

فابریکه

ሱቅ

....

پلورنځی

የስራ ሙያዎች

مسلکونه

የፖሊስ አዛዥ
د پولیسو افسر
የእሳት አደጋ ሰራተኛ
د اطفایه غړی
ምግብ አብሳይ
آشپز
ዶክተር
አብራሪ
پیلوټ

አትክልተኛ

باغوان

አናጢ

نجار

ልብስ ሰፊ ሴት

خیاط

ዳኛ

قاضي

ቀማሚ

کیمیا پوه

ተዋናይ

د فلم لوبغاړی

የአዉቶቢስ ሹፌር

د بس ډرايور

የታክሲ ሹፌር

د ټيکسي ډرايور

አሳ አጥማጅ

کب نیونکی

ፅዳት ሰራተኛ

خدمه

የጣራ ሰራተኛ

بام جوړونکی

አስተናጋጅ

پیشخدمت

አዳኝ

ښکاري

ሰዓሊ

نقاش

ጋጋሪ

نانوا

የኤሌትሪክ ሰራተኛ

د برښنا کارکونکی

ገምቢ

تعمیر جوړونکی

መሃንዲስ

انجنير

ልኳንዳ

قصاب

የቧንቧ ሰራተኛ

نلدوان

የፖስታ ሰራተኛ

پوست رسونکی

54 የስራ ሙያዎች - مسلکونه

ወታደር

سرتیری

መሃንዲስ

مهندس

የሒሳብ ሰራተኛ

صراف

አበባ ሻጭ

مالیار

የፀጉር ሰራተኛ

نایی

ቲኬት ቆራጭ

کلینډر

መካኒክ

میکانیک

ካፒቴን

کپتان

የጥርስ ሐኪም

د غاښونو ډاکټر

ተመራማሪ

ساینس پوه

መምህር

ښاغلی

የሙስሊም ሃይማኖታዊ መሪ

امام

መነኩሴ

مذهبي نفر

ካህን

پادري

መሳሪያዎች

لوازم

ተቆላፊ ጉጠት
پلاس
መዶሻ
መፍቻ
پیچکش
የመሳሪ መፍቻ
رینچ
ባትሪ
څراغ

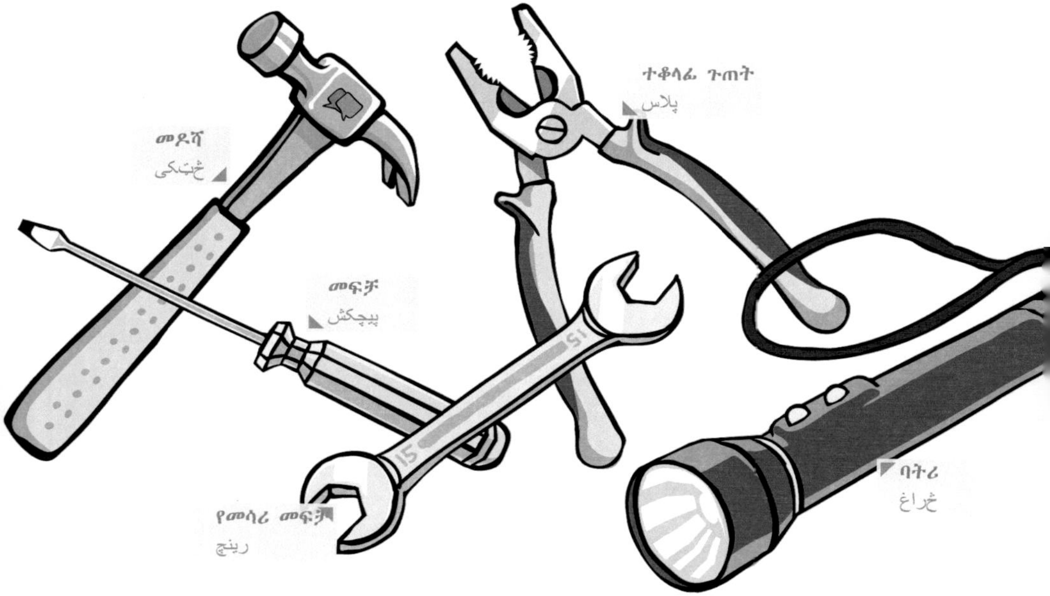

በቁፋሮ የሚዝቅ

کنستونکی

የመፍቻ ሳጥን

د لوازمو بکس

መሰላል

زینه

መጋዝ

اره

ምስማር

میخونه

መሰርሰሪያ

برمه

መጠገን

ترميم كول

አካፋ

بيل

የተረገመ!

لعنت!

ቆሻሻ ማፈሻ

خاک انداز

የቀለም ቆርቆሮ

مشواڼی

ብሎን

پیچونه

የሙዚቃ መሳሪያዎች

د میوزیک آلات

የድምፅ ማጉያ መሳርያ

لاوډ سپیکر

የከበሮ መሳሪያዎች

ډرم سیټ

ድርብ ቤዝ ጊታር

کنټرباس

ክራር መሰል የሙዚቃ መሳሪያ

ګیتار

የትንፋሽ ሙዚቃ መሳሪያ

ټرومپیټ

ፒያኖ

پیانو

ቫዮሊን

وایلن

ወፍራም፤ ጎርናና ድምፅ ያለዉ ክራር መሰል ሙዚቃ መሳሪያ

باس

ነጋሪት

نغاره

ከበሮ

ډرمونه

በኤሌክትሪክ የሚሰራ ፒኖ

کي بورډ

የትንፋሽ ሙዚቃ መሳሪያ

سیکسافون

ዋሽንት

شپیلۍ

የድምፅ ማጉያ

مایکروفون

የደር እንስሳት ማቆያ

ژوبڼ

መግቢያ
ننوتو لاره
ነብር
ሳጥን
پنجره
የሜዳ አህያ
ګوره خر
የእንስሳ ምግብ
ትልቅ ድብ
پاندا

እንስሳቶች

ژوی

ዝሆን

هاتي

ካንጋሮ

کنګرو

አዉራሪስ

د اوبو اسپ

ትልቅ ዝንጀሮ

ګوریلا

ድብ

ایږه

ግመል

اوښ

ሰጎን

شترمرغ

አንበሳ

زمری

ጦጣ

بیزو

ቅልጥመ ረዥም ወፍ

غزی

በቀቀን

طوطي

የወዋልታ ድብ

قطبي ایږه

የዋልታ ወፎች

پینګوین

ረጅም ጥርሶች ያሉትአሳ ነባሪ

شارک

ጣዎስ

طاوس

እባብ

مار

አዞ

تمساح

የዱር አራዊት የሚጠበቁበት ማቆያን የሚጠብቅ

ژوبڼ ساتونکی

አሳ በሊታ የባህር እንስሳ

سیل

የዱር ድመት

جګوار

ድንክ ፈረስ

یابو

ነብር

پڕانگ

ጉማሬ

هیپو

ቀጭኔ

زرافه

ንስር

باز

ከርከሮ

نرخوگ

አሳ

کب

የባህር ኤሊ

شمشتی

የባህር አዉሬ

سمندري نولی

ቀበሮ

کیدڕه

የሜዳ ፍየል፤ሚዳቋ

هوسی

የስፖርት አይነቶች

ورزش

የአሜሪካ እግርኳስ
امریکایی فټبال
የብስክሌት ስፖርት
سایکل ځغلول
ቴኒስ
የቅርጫት ኳስ
باسکیټبال
ዋና
لامبو
የቡጢ ስፖርት
باکسینګ
የበረዶ ላይ የገና ጨዋታ
د کنګل هاکي

እግር ኳስ

فټبال

የላበ ኳስ ጨዋታ

کسیزه

አትሌቲክስ

د ځغاستي لوبي

የእጅ ኳስ ስፖርት

د هندبال

የበረዶ መንሸራተት ስፖርት

سکي

ፈረስ ግልቢያ

پولو

መዝለል
ټوپ وهل
ማቀፍ
غاړه ورکول
መሳቅ
خندل
መራመድ
መዘመር
سندري ويل
ህልም ማለም
خوب ليدل
መፀለይ
عبادت کول
መሳም
مچو کول

መፃፍ
ليکل

መሳል
کښل

ማሳየት
ښودل

መግፋት
ټيله کول

መስጠት
ورکول

መዉሰድ
اخيستل

መያዝ

درلودل

ማድረግ

کول

መሆን

پاییدل

መቆም

ودریدل

መሮጥ

منډې وهل

መሳብ

راکښل

መወርወር

ګوزارل

መዉደቅ

لویدل

መዋሸት

څملاستل

መጠበቅ

انتظار کول

መሸከም

وړل

መቀመጥ

کښیناستل

መልበስ

پوښاک اغوستل

መተኛት

ویده کیدل

መንቃት

پاڅیدل

መመልከት

كتل

ማለልቀስ

ژړل

መጫር

برید کول

ማበጠር

گمنځ کول

ማዉራት

خبري کول

መረዳት

پوهيدل

ጥያቄ

غوښتل

ማዳመጥ

اوريدل

መጠጣት

څښل

መብላት

خوړل

ማንፃት

پاکول

ማፍቀር

مینه کول

ምግብ ማብሰል

پخلی کول

መንዳት

موټر چلول

መብረር

الوتل

መርከብ መንዳት

بیړۍ چلول

ቁጥሮችን ማስላት

حساب

ማንበብ

لوستل

መማር

زده کول

መስራት

کار کول

ማግባት

واده کول

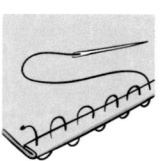

መስፋት

ګنډل

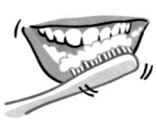

ጥርስ መቦረሽ

د غاښونو برس کول

መግደል

وژل

ማጨስ

سګرټ څښل

መላክ

لیږل

ቤተሰብ
کورنی

የሴት አያት
نیا
የወንድ አያት
نیکه
አባት
እናት
مور
ህፃን
ماشوم
ሴት ልጅ
لور
ወንድ ልጅ
زوی

እንግዳ
میلمه

አክስት
ترور

አጎት
کاکا/ماما

ወንድም
ورور

እህት
خور

አካል

بدن

ግንባር
አይን
ፊት
مخ
አገጭ
زنه
ጡት
سینه
እጅ
لاس
ክንድ
مټ
ትከሻ
اوږه
እግር

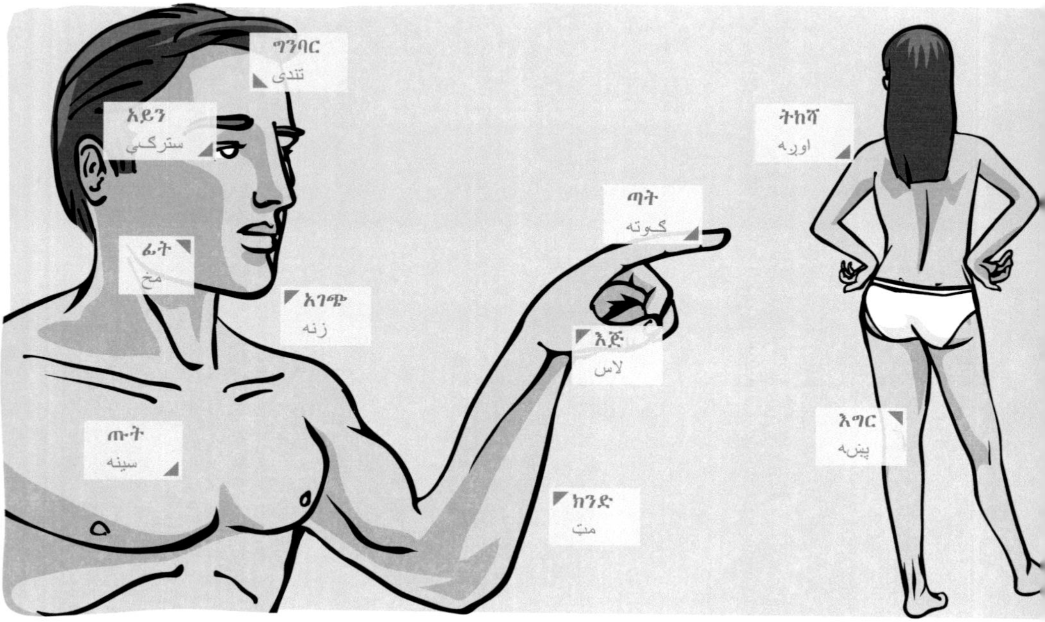

ህፃን

ماشوم

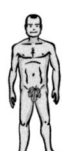

ሰዉ

سړی

ሴት

ښځه

ልጃገረድ

انجلۍ

ወንድ ልጅ

هلک

ራስ

سر

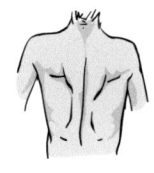

ጀርባ

شا

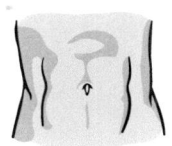

ሆድ

خیټه

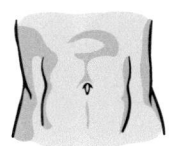

እምብርት

نوم

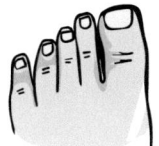

የእግር ጣት

د پښې ګوته

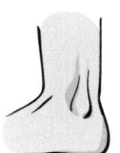

ተረከዝ

پونده

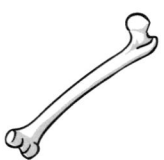

አጥንት

هډوکی

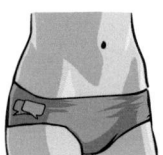

ዳሌ

کوناټی

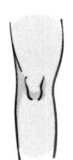

ጉልበት

زنګون

ክርን

څنګل

አፍንጫ

پوزه

ቂጥ

لاندې برخه

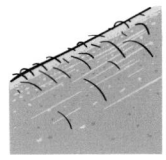

ቆዳ

پوټکی

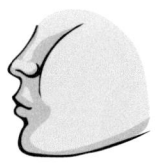

ጉንጭ

غومبوری

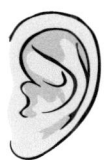

ጆሮ

غوږ

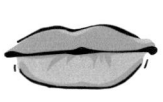

ከንፈር

شونډه

አፍ

خوله

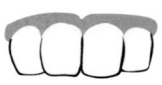

ጥርስ

غاښ

ምላስ

ژبه

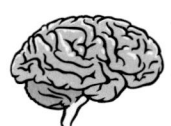

አንጎል

مغز

ልብ

زړه

ጡንቻ

عضله

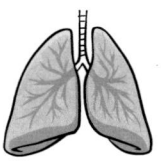

ሳምባ

سږی

ጉበት

ځيګر

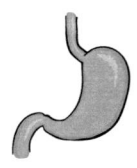

ሆድ

معده

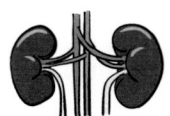

ኩላሊቶች

پښتورګي

የግብረስጋ ግንኙነት

جنسي نږدې والی

ኮንዶም

کانډوم

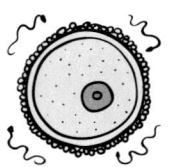

የሴት እንቁላል

تخمه

የዘር ፈሳሽ

مني

እርግዝና

حمل

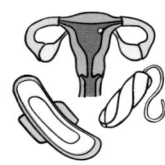

የወር አበባ

....

حيض

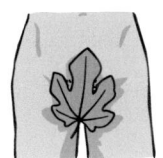

እምስ

....

مهبل

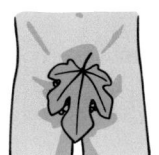

ቁላ

....

د نارینه تناسلي آله

ቅንድብ

....

وروځی

ፀጉር

....

ویښته

አንገት

....

غاړه

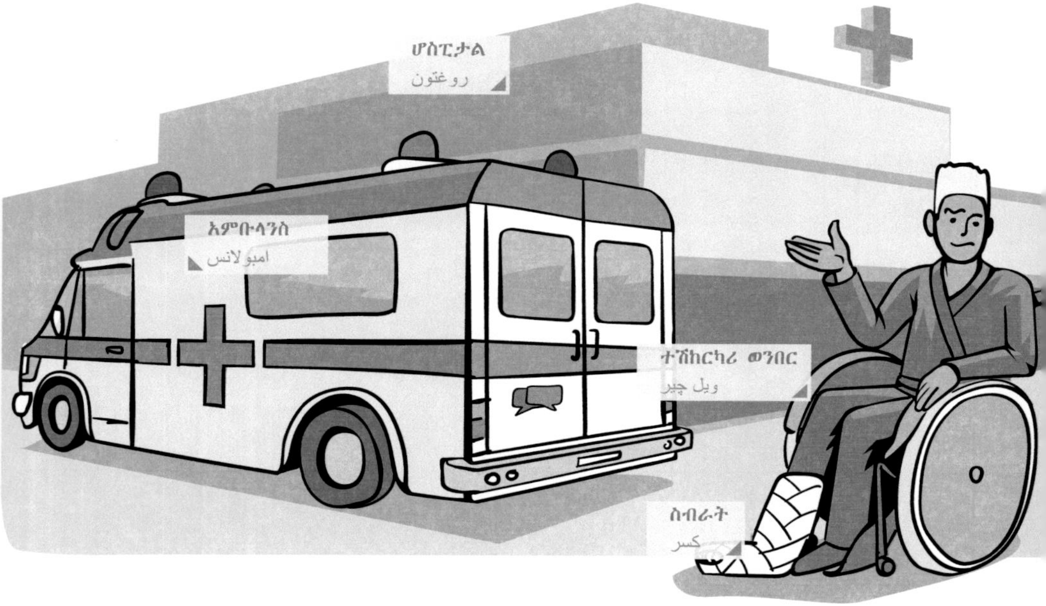

ሆስፒታል
روغتون

አምቡላንስ
امبولانس
ተሽከርካሪ ወንበር
ویل چیر
ስብራት
کسر

ዶክተር

ډاکټر

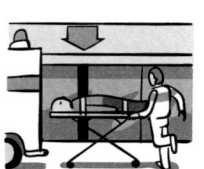

ድንገተኛ ክፍል

عاجل خونه

ነርስ

رنځورپال

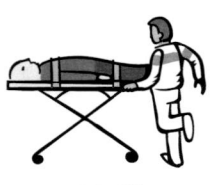

ድንገተኛ

عاجل

ራስን መሳት/ አለማወቅ

بې هوش

ህመም

درد

ጉዳት

ټپ

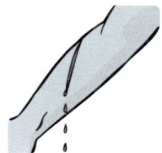

መድማት

وینه تویدل

የልብ ድካም

د زړه حمله

ስትሮክ

ضرب

አለርጂ

حساسیت

ሳል

ټوخی

ትኩሳት

تبه

ኢንፍሎዌንዛ

انفلوینزا

ተቅማጥ

نس ناستی

የራስ ምታት

سر درد

ካንሰር

سرطان

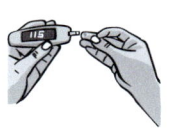

የስኳር በሽታ

شکر

ቀዶ ጠጋኝ ሐኪም

جراح

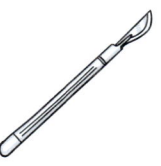

የቀዶ ጥገና ስለት

سکالپل

ቀዶ ጥገና

عملیات

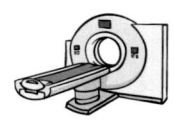

ሲቲ

سی.ټي

ኤክስሬዩ

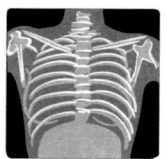

ایکس ری

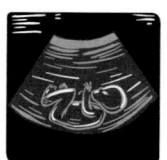

አልትራሳዉንድ

التراساوند

የፊት ጭምብል

د مخ ماسک

በሽታ

ناروغي

መጠበቂያ ክፍል

انتظار خونه

ምርኩዝ

امسا

የቁስል ማሸጊያ

پلستر

ፋሻ

بنداژ

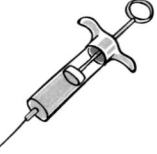

መርፌ

تزریق

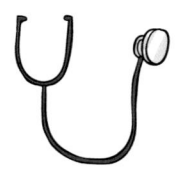

የልብ ምት ማዳመጫ መሳሪያ

ستاتسکوپ

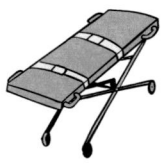

የበሽተኛ አልጋ

تسکیره

የህክምና ሙቀት መለኪያ መሳሪያ

کلینکي ترمامیټر

መውለድ

زیږون

ከልክ ያለፈ ክብደት

زیات وزن

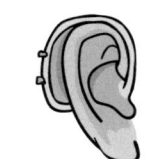

ለመስማት የሚረዳ መሳሪያ

د اوریدو مرسته

ፀረ ተባይ መድሀኒት

د عفونیت ځخه پاکونکي مواد

ማመርቀዝ

عفونیت

ቫይረስ

ویروس

ኤች አይቪ ኤድስ

ایچ.آی.وی/ایډز

ህክምና

درمل

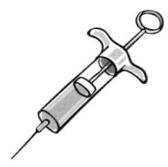

ክትባት

واکسین

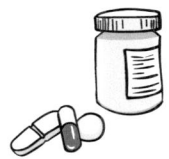

ኪኒን

ټابلیټس

ኪኒን

ګولی

አስቸኳይ የስልክ ጥሪ

عاجل تلیفون

ደም ግፊት መቆጣጠሪያ

د ویني د فشار څارونکی

ህመም/ ጤንነት

ناروغ/روغ

ድንገተኛ

عاجل

እርዳታ!

مرسته!

ማንቂያ ደወል

الارم

ጥቃት

يرغل

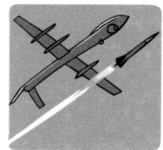

ድብደባ

برید

አደጋ

خطر

የድንገተኛ መዉጫ

عاجل لاره

እሳት!

اور!

እሳት ማጥፊያ

د اور وژونکی

አደጋ

پېښه

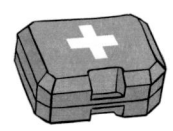

የመጀመሪያ እርዳታ መድሃኒት መያዣ

د لومړی مرستې لوازم

ነፍስ አድን

ایس.او.ایس

ፖሊስ

پولیس

አዉሮፓ

اروپا

ሰሜን አሜሪካ

شمالي امريكا

ደቡብ አሜሪካ

سهيلي امريكا

አፍሪካ

افريقا

እስያ

آسيا

አዉስትራሊያ

آسټریلیا

አትላንቲክ

اتلانتیک

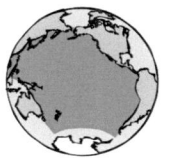

ፓስፊክ

پاسیفیک

የህንድ ዉቅያኖስ

د هند بحر

አንታርክቲክ ዉቅያኖስ

جنوبي منجمد بحر

አርክቲክ ዉቅያኖስ

د شمال قطب بحر

ሰሜን ዋልታ

شمالي قطب

ደቡብ ዋልታ

سهیلي قطب

አንታርክቲካ

انټارکټیکا

ምድር

ځمکه

መሬት

ځمکه

ባህር

بحر

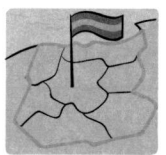

ደሴት

ټاپو

አገርና ህዝብ

ملت

መንግስት

دولت

የሰዓት ገፅታ

د مخي ساعت

ሰዓት

د ساعت ستنه

ደቂቃ

د دقيقي ستنه

ሴኮንድ

د ثانيې ستنه

ስንት ሰዓት ነው?

څه وخت دی؟

ቀን

ورځ

ጊዜ

وخت

አሁን

اوس

የቁጥር ሰዐት

ډيجيټل ساعت

ደቂቃ

دقيقه

ሰዓታት

ساعت

ሰኞ / دوشنبه — MO

ረቡዕ / چهارشنبه — W

ዓርብ / جمعه — FR

TU

TH

SA

ማክሰኞ / سه شنبه

ቅዳሜ / شنبه

ሐሙስ / پنجشنبه

SO

እሑድ / یکشنبه

ትላንት

پرون

ዛሬ

نن

ነገ

سبا

ማለዳ

سهار

ቀትር

غرمه

ምሽት

ماښام

የስራ ቀናት

كاري ورځی

የዕረፍት ቀናት

د اونۍ پای

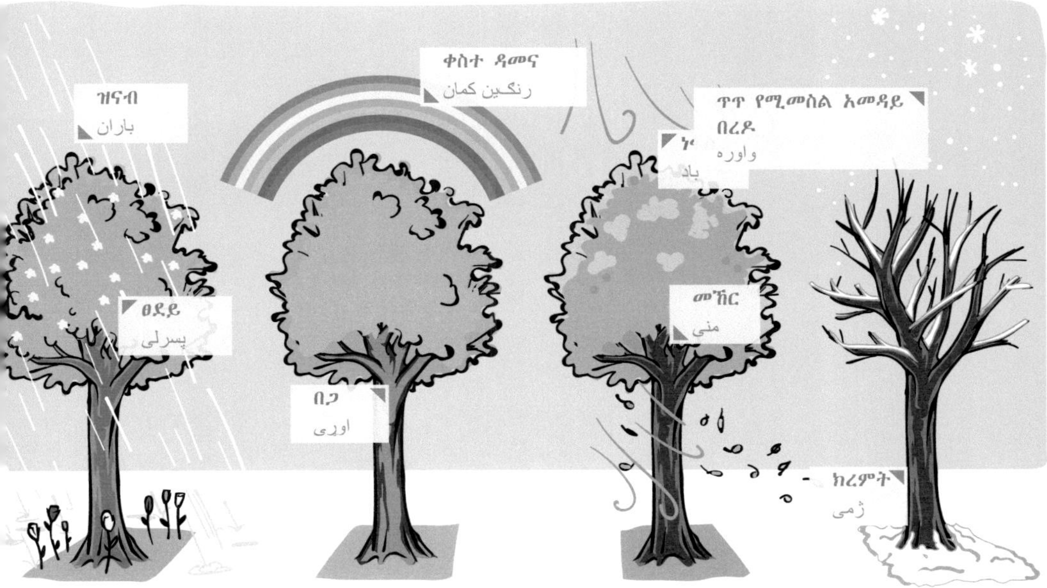

ቀስተ ደመና
رنگین کمان

ዝናብ
باران

ጥጥ የሚመስል አመዳይ በረዶ
واوره
باد

ፀደይ
پسرلی

በጋ
اوړی

መኸር
منی

ክረምት
ژمی

የአየር ሁኔታ ትንበያ

د موسم وړاندوینه

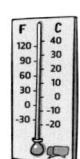

የሙቀት መለኪያ

ترمومیټر

የፀሐይ ሙቀት

د لمر وړانگی

ደመና

وریځ

ጨጋግ

لړه

እርጥበታማነት

رطوبت

መብረቕ

....

رڼا

ነጎድጓድ

....

تندر

ኣዉሎ ንፋስ

....

توفان

የበረዶ ዝናብ

....

ږلی وریدل

ኣዉሎ ንፋስ

....

مون سون باران

ጎርፍ

....

سیلاب

በረዶ

....

یخ

ጥር

....

جنوري

የካቲት

....

فبروري

መጋቢት

....

مارچ

ሚያዚያ

....

اپرېل

ግንቦት

....

مى

ሰኔ

....

جون

ሐምሌ

....

جولای

ነሀሴ

....

اګست

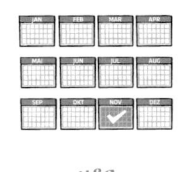

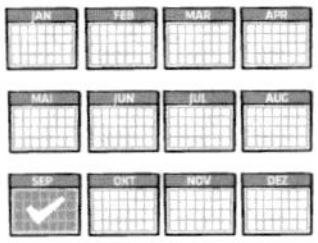

መስከረም

سپتمبر

ጥቅምት

اکتوبر

ህዳር

نومبر

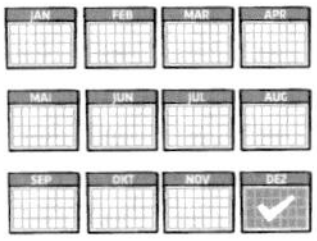

ታህሳስ

دسمبر

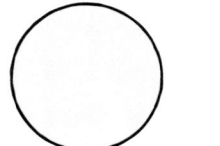

ቅርፆች

شکلونه

ክብ

دایره

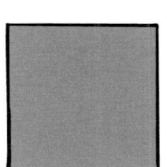

አራት ማዕዘን

مربع

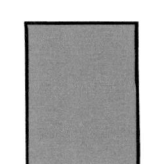

አራት ቀጥተኛ ማዕዘኖች ጎኖች ያሉት ቅርፅ

مستطیل

ሶስት ማዕዘን

مثلث

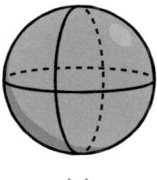

ሉል

توپ

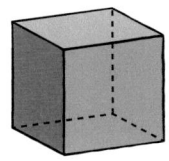

ስድስት ጎን ያለዉ ቅርፅ

فال

ቀለማት
رنگونه

ነጭ

سپین

ቢጫ

ژیر

ብርቱካናማ

نارنجي

ሮዝ

گلابي

ቀይ

سور

ወይን ጠጅ

ارغواني

ሰማያዊ

نیلي

አረንጓዴ

شین

ቡኒ

نسواري

ግራጫ

خر

ጥቁር

تور

ብዙ/ ጥቂት

خورا ډیر/خورا لږ

ንዴት/ እርጋታ

قار/ارام

ቆንጆ/ አስቀያሚ

ښکلی/بدشکله

ጅማሬ/ ፍፃሜ

پیل/پای

ትልቅ/ ትንሽ

لوی/کوچنی

ደማቅ/ ደብዛዛ

روښانه/تیاره

ወንድም/ እህት

ورور/خور

ንፁህ/ ቆሻሻ

پاک/ککړ

የተሟላ/ ያልተሟላ

مکمل/نامکمل

ቀን/ ምሽት

ورځ/شپه

የሞተ/ ህያዉ

مړ/ژوندی

ሰፊ/ ጠባብ

پراخه/نری

የሚበላ/ የማይበላ

د خوراک وړ/نه خوړل کیدونکی

ክፉ/ ደግ

بد/مهربان

ደስተኛ/ ድብርተኛ

پاریدلی/بي خونده

ወፍራም/ ቀጭን

چاق/وچ

መጀመርያ/ መጨረሻ

لومړی/وروستی

ጓደኛ/ ጠላት

ملګری/دښمن

ሙሉ/ ጎዶሎ

ډک/تش

ጠንካራ/ ለስላሳ

سخت/نرم

ከባድ/ ቀላል

درونډ/سپک

ረሃብ/ ጥማት

لوږه/تنده

ህመም/ ጤንነት

ناروغ/روغ

ህገወጥ/ ህጋዊ

غیرقانوني/قانوني

ጎበዝ/ ደደብ

هوښیار/ساده

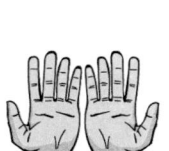

ግራ/ ቀኝ

کيڼ/ښي

ቅርብ/ ሩቅ

نږدې/لرې

አዲስ/ አሮጌ

نوی/زوړ

ምንም/ የሆነ ነገር

هیڅ/یو څه

ሽማግሌ/ ወጣት

بډا/ځوان

የበራ/ የጠፋ

چالان/بند

ክፍት/ ዝግ

خلاص/تړلی

ፀጥታ/ ጫጫታ

غلی/لوړ غږ

ሃብታም/ ደሃ

بډایه/غریب

ትክክለኛ/ የተሳሳተ

صحيح/غلط

ሻካራ/ ለስላሳ

زیږ/ملایم

ሐዘን/ ደስታ

خفه/خوښ

አጭር/ ረዥም

لنډ/اوږد

ዝግተኛ/ ፈጣን

سست/ګړندی

እርጥብ/ ደረቅ

لوند/وچ

ሞቃት/ ቀዝቃዛ

ګرم/یخ

ጦርነት/ ሰላም

جګړه/سوله

ቁጥሮች

شمیرې

0

ዜሮ

صفر

1

አንድ

یو

2

ሁለት

دوه

3

ሶስት

درې

4

አራት

څلور

5

አምስት

پنځه

6

ስድስት

شپږ

7

ሰባት

اوه

8

ስምንት

اته

9

ዘጠኝ

نهه

10

አስር

لس

11

አስራ አንድ

یولس

12

አስራ ሁለት

دولس

13

አስራ ሶስት

دیارلس

14

አስራ አራት

څوارلس

15

አስራ አምስት

پنځلس

16

አስራ ስድስት

شپاږس

17

አስራ ሰባት

وولس

18

አስራ ሰስምንት

اتلس

19

አስራ ዘጠኝ

نولس

20

ሃያ

شل

100

መቶ

سل

1.000

ሽህ

زر

1.000.000

ሚሊዮን

میلیون

ቋንቋዎች

ژبې

እንግሊዝኛ

انګلسي

የአሜሪካ እንግሊዝኛ

امریکایی انګلسي

የቻይና ማንዳሪን

چینایی مندرین

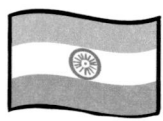

ሂንዱ

هندي

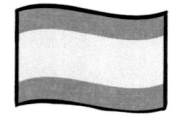

ስፓኒሽ

هسپانوي

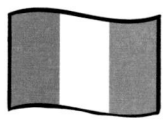

ፍሬንች

فرانسوي

አረብኛ

عربي

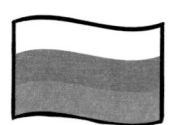

ራሺያኛ

روسي

ፖርቹጊዝ

پرتګالي

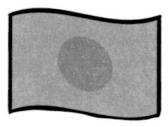

ቤንጋሊ

بنګالي

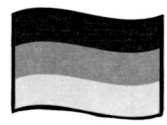

ጀርመን

آلماني

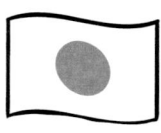

ጃፓንኛ

جاپاني

ማን/ ምን/ እንዴት

څوک/څه/څنکه

እኔ

زه

አንተ

ته

እሱ/ እርሷ/ እቃዉ

هغه/دغه/دا

እኛ

موږ

አንተ

تاسي

እነርሱ

دوی/هغوی

ማን?

څوک؟

ምን?

څه؟

እንዴት?

څنګه؟

የት?

چیری؟

መቼ?

کله؟

ስም

نوم

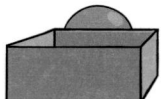

የት

چيرې

በስተጀርባ

شاته

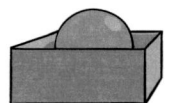

ዉስጥ

په

ከፊት ለፊት

په مخه کې

ከላይ

باندې

ላይ

په

ከስር

لاندې

አጠገብ

برسيره پر

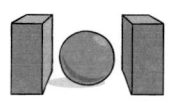

መሃከል

ترمينځ

ቦታ

ځای